AF484006

C O L E T Â N E A

D E

P O E S I A S

LUIS EDUARDO GARCIA AGUIAR

2021

APRESENTAÇÃO

Para aquele leitor que pretende conhecer a minha obra completa, eis a chance neste volume em que estão publicadas as poesias dos livros "Derramando Versos, "Sentidos", "Rastos", "Isolamento","Resiliência", "Dois Em Um"e "Percepções". A elas se somam as obras "Poesitando", poesias inclusas no livro Derramando Versos, "Além da Fronteira", uma autobiografia. Portanto nesta décima publicação conteúdo que, espero seja do agrado de você prezado leitor para ter sempre a mão o meu trabalho sem a necessidade de obter separadamente os exemplares.

Saudações Literárias!

O Autor.

QUEM SOU EU

De Montevidéu,
nascido e crescido;
do Brasil, Naturalizado;
de São Paulo, vivido;
de Pernambuco, Pernambucanizado.

QUEM SOU EU

De Montevidéu,
nascido e crescido;
do Brasil, Naturalizado;

ANJOS DO SENHOR

Carlos e Manuel estão chegando
ao seio da família.
É a nossa, é a minha,
com ansiedade, aguardando,
aos ventos espalhando.
Ser Pai, Avô, Bênção maior
do nosso criador;
que enviou os herdeiros,
lindos Anjos festejemos,
para este mundo do Senhor!

PRESENTE

Gosto tanto de ti, Recife,
que meus Netos deste,
gosto tanto que
nasceram Recifenses...

REENCONTRO

A saudade tem idade.
Visitei a minha gente,
de maneira contente,
fui a minha cidade.
Carinho e amor à vontade
para os meus fui brindar;
Montevidéu, alegre eu pude andar
pelas tuas ruas e praças,
taciturno você abraça
e me incita a voltar.

LA CASILLA

A casa da minha infância não existe mais,
tampouco os caminhos nos quais brinquei.
Uma esquina, um terreno baldio, dela restando
apenas a figueira e umas folhas de louro.
Não está como a deixei...
O bairro não viu o progresso, as ruas, as mesmas;
as pessoas, não. Poucas ficaram, somente amigos
contados nos dedos, marcas da minha visita ao
meu Bairro em Montevidéu.
De repente perdi o passado, perdi a memória,
perdi a calçada onde sentava; não a lembrança
marcada na minha mente.

RASCUNHOS DE PENSAMENTOS

Um pedaço de papel qualquer,
uma mesa de bar.
Ao relento, pensamentos vão,
nem sempre atento, os leva o vento.
Tento ordená-los, porém o vendaval
de sonhos os transforma em surreal.
Sereno de ideias, orvalho de sentimentos,
sutileza do subconsciente
de aceitar o esquecimento.

Quanta chuva, minha gente!
Recife parece que nada, disse Mota.
Vou de bote, vou de bota...?
Deslizamentos, enchentes,
desabrigados, desalojados.
Alagamentos, inundações,
correrias, confusões.
Engarrafamentos, comunicados,
a cidade e nós parados;
entretanto, aguardamos soluções...

PESCADOR

A lua cheia clareia a areia,
a lua clareia o mar,
o pescador dele se serve,
gosta quando ela se faz notar.

A tarrafa na água cai,
ansiedade pescador tem,
do mar o alimento vem,
do mar alimento sai.

RECICLAGEM DE UMA VIDA
(Expedito)

O vento traz a brisa do mar.
A chuva molha seu corpo suado.
A carroça ele havia carregado,
Dificuldade ao andar,
Exausto a puxar.
Papelão carga preciosa,
Algum ganho para sua vida penosa;
Catando e catando não se detém,
Pelas ruas, cansado vai e vem,
Recicla sua vida, carga proveitosa.

ALTO MAR

Ponto branco em alto mar,
levou a esperança para o peixe pescar,
o teu convés vazio cheio voltará,
com a missão cumprida, pescador atracará.

PESCADOR II

Joga a rede, pescador,
para o peixe capturar,
o teu sustento, o teu lucro,
a tua venda, tua vida.

Os bens que tu tens
é o mar, e ele,
sempre ele,
o alimento te dará ...

TEMPO

Enquanto escrevo o presente,
vejo que ele é curto, agora se tornou passado.
Portanto, parece que só existem
tempo passado e futuro;
o instante presente é fugaz como a luz...

BRINCANDO

Canto que canto,
canto um canto,
naquele canto,
que quando canto,
não parece canto;
parece magia de
um encanto.

HOJE

Como será o amanhã,
se nem o hoje me pertence.
Como será o futuro,
se o passado não me pertenceu.
Difícil saber.
Presente dá-me a oportunidade
de viver, intensamente,
o hoje...

AMIGO

Tu sempre comigo,
 abraço-te, meu Amigo!
Eu contigo sempre.
Amigo, abraça-me.
Amigo, Amigo, contigo,
comigo, abraçamo-nos, Amigo...

MEIA IDADE

Sexagenário serei daqui a um tempo,
confesso o número me assusta,
porém deixa-me alegre pela vida.
Senhor fazei o meu espírito
sempre jovem, jovem meu pensamento
e jovial o meu comportamento.

LITERÁRIOS

Pessoa, Drummond,
Castro Alves, Bandeira,
Bilac, Quintana,
Cardozo, Carlos Pena.

João Cabral, Vinicius,
Dos Anjos, Andrade,
Cecília, Coralina,
Veríssimo, Guimarães.

Benedetti, Borges,
Bécquer, Galeano,
Neruda, Barreto,
Victor Hugo, Machado.

Saramago, Dante,
Camões, Cervantes,
Martí, Gilvan,
Vargas Llosa, García Marquez

Homero, Shakespeare,
Mota, Solano,
Sabino, Clarice,
Antônio Maria, Graciliano.

Ascenso Ferreira, Millôr,
Molière, Maria Eugênia,
García Lorca, Miró,
Violeta Parra, Jorge Amado.

Gregório de Matos, Azevedo,
Waldemar Lopes, Celina,
Lins, Oswald, Varela,
Jimenez Juan Ramón...

PÁSSAROS

Da janela eu posso ver,
pelos dias a fio,
os pássaros coloridos,
da água a beber.

Mergulham sua cauda
no pote que deixei,
suas asas distendem,
sacodem molhado o
seu corpo e, ainda,
revoam, cantam,
até que o dia finda.

MODERNIDADE

Escritor não usa mais a máquina
de escrever, tinta, caneta,
tampouco papel, tem livro virtual
no computador, ele tecla...

O MEDO DO SONETO (ASSIMETRIA)

O medo de fazer soneto me vem
por falta de conhecimento e coragem,
sem querer e sem saber de onde provém,
 por isso tento sem abalar a imagem.

Confesso que a leitura me cativa
como toda literatura venho amando,
não querendo ficar uma pessoa passiva,
aqui vou nestes versos intentando.

Não sei ritmo tampouco métrica,
mas venho lendo e pesquisando,
em todo que implica a poética,

estou de fato estudando.
Agora hoje me sinto apto,
antes não, por ser inapto.

ENCONTRO DIVINO

À noitinha, virão as ninfas
a meu leito dançar,
no meu curso regado
pela luz do luar.

Belas e imponentes
como rainhas do mar;
quero, na minha torrente,
fazer uma de vocês meu par.

BEM-TE-VI

Bem-te-vi amanhece gorjeando.
Da casa, o quintal é o cenário.
Vejo-o durante o dia.
Escuto o seu trino.
Procura a parceira
buscando-a no ninho;
Anoitece em seu canto.

MORADA

Paulista, teu regaço
que não havia notado,
de caminho andado,
ficou em mim um pedaço.
Praias e sol, sargaço,
areia, chão pisado.

MORADA

Paulista, teu regaço
que não havia notado,
de caminho andado,

PAULISTA

Paulista dos ipês,
roxos e amarelos.
Paulista das paineiras,
matas e coqueiros.
Paulista dos rios,
jatobás e cajueiros.
Paulista das indústrias,
de povo hospitaleiro.

ENFIM UM SONETO

Vou fazer um soneto finalmente
com toda gana e bastante coragem,
com tudo mais que está na minha mente,
não vai deformar ou alterar imagem.

Estou com meus amigos pesquisando
o que tem de mais novo nos meus livros,
com eles ou sozinho vou estudando,
assim simples, desta angústia eu me livro.

Feliz me sinto, agora não acuado,
em que ansiedade serena transcreve,
que por demais me havia sufocado.

Aqui estou no papel e terminando,
de uma maneira firme, quem lhe escreve
e com estes versos entrelaçados.

LITORAL NORTE

Imenso e belo Litoral que encontro,
ao entrar no Janga, saindo de Olinda.
Enseada antes, Pau Amarelo após,
depois Conceição e Maria Farinha.
A pródiga e generosa natura,
onde aqui em Santa Cruz se faz infinda.

MÃE ADOTIVA

Brasil, aqui estou e faz tempo,
do que a terra mais garrida,
eu presente e com guarida.
Clamor das ruas eu ouvi,
ou sem censura eu vivi.
A Família vi crescer,
Filhas, Netos vi nascer;
eu não tive documento,
isso foi n'outro momento,
plantei árvore, escrevi.

ACLAMAÇÃO AO RECIFE

Recife, tu me dás razões
para desta cidade gostar...

Tua música, tua gente,
teus ritmos, tua mistura,
teu folclore, teu carnaval de rua,
teu sol, teu mar.
Recife, tu me dás razões
para desta cidade gostar...

Beberibe, Capibaribe,
Bacia do Pina, Beira-Mar,
Recife Antigo, Boa Vista,
Agamenon, Caxangá.
Teus coqueiros, teu clima,
tuas frutas, frutos do mar,
Casa Forte, Imbiribeira,
Espinheiro, Cruz Cabugá.
Recife, tu me dás razões
para desta cidade gostar...

Teus folguedos juninos,
coco, ciranda, baião,
maracatu, caboclinhos,
xaxado, frevo, xote, bumba meu boi,
Alceu Valença, Chico Science,
Gilberto Freyre, forró, Gonzagão.
Recife, tu me dás razões
que me despertam admiração...

Apipucos, Aurora,
Graças, do Sol, Fundão,
Água Fria, Guararapes,
Dantas Barreto, do Brum,
Campo Grande, Rosarinho,
Estelita, Malakoff.
Recife, tu me dás razões
que despertam admiração...

Encruzilhada, Entroncamento,
Chora Menino, Derby, Bom Jesus,
Maciel Pinheiro, tuas pontes,
Pracinha do Diário, teus fortes,
Treze de Maio, Museu Brennand.
Recife, tu me dás razões
para desta cidade gostar!

JANGA

Imensidão azul,
infinita água.
Por que avanças no Janga?
Praia do Janga, calma, radiante,
com teus coqueiros enfileirados
em tua margem, graciosa,
estás perdendo a tua imagem.
Estão atacando o mar,
e ele está vindo
para em ti se vingar.

CARNAVAIS, ONTEM, HOJE E SEMPRE

Recife, carnavais passados,
não os conheci,
deles tens falado.
Os de hoje são belos
como sempre foram.
Por eles tenho andado,
amanhã direi o mesmo,
e será passado.

CANTO

Canta sabiá alimentando a sua cria,
de galho em galho, esboçando a liberdade.
Tantos querem prendê-lo, é bem verdade,
mas é solto que irradia alegria.

MADRUGADA

Por que choras, madrugada,
lágrimas de orvalho triste?
Se a lua cheia através das nuvens
ainda existe, e virá o sol nascente
enxugar teu rosto frio.

SONHOS

Como na primavera, as flores vistes nascerem;
no outono triste, as folhas envelhecerem;
na juventude, os sonhos florescerem;
e os que não frutificaram
com o tempo se perderam.
Grandes sonhos não semeeis,
porque se a colheita não for boa,
a perda não lamenteis.

NO OLHAR UMA TRISTEZA

Por que é triste teu olhar
 Perdendo-se no infinito?
Ao ver, talvez, alguém que tenha partido.
Acompanho teu pensamento,
sem descobrir, ao certo,
o verdadeiro motivo.

VIOLÃO

Cordas que acariciam com seus sons,
acordes que revelam emoção.
Acústica madeira criada pelas mãos,
beleza forma és tu, violão.

Arpejos de primas e bordões,
madeira manuseada com amor.
Acústica madeira criada pelas mãos,
beleza forma és tu, violão.

CAIS DE SANTA RITA, A OUTRA FACE

Ah! Que vida é essa?
Crianças perdidas no cais.
Noites de fome, noites de frio,
pelo vento vindo do porto.
É julho, a chuva fina
molha o rosto cansado.
A casa de papelão envolve
um sonho apenas:
a sopa quente que alguém poderá trazer,
sem perspectivas, sem futuro, sem viver.

AS PONTES E O CAPIBARIBE

Os raios do sol se espelham
nas águas do Capibaribe,
hoje turvas pelo homem.

As pontes, ah! As pontes,
entre elas: Duarte Coelho,
Boa vista, Maurício de Nassau,
de minha inspiração são as fontes.

As pontes, tão belas,
parecem o rio abraçar
que manso se perde no mar.

PÁTIO DE SÃO PEDRO

Nas noites de sexta-feira
ao pátio de São Pedro,
pessoas vêm
pelas vielas e becos.

Envoltas pelo casario colonial,
reúnem-se junto às mesas
e, entre músicas,
uma conversa informal.

AURORA

O sol desponta pelo leste,
a Rua da Aurora de brilho se veste.
Capibaribe, tu és testemunha
dos casarões deste cartão postal recifense.

A VOLTA

Volto ao Recife pensando
nos momentos que tenho deixado,
lembro, a princípio,
aqueles que tenho guardado.

Viverei novos momentos
e tudo será somado.
Tenho certeza de que
a saudade terá passado.

RELAX

Voltando para casa cansado
depois de uma dia estafante,
exausto meu corpo buscando,
enfim, o repouso.

Aquele banho bem frio
tirando de mim o cansaço,
refaz por fim o meu corpo,
deito, então é o sono...

PRIMAVERA

Mística sensação de prazer,
brisa suave que embala,
flores nascendo sem fim.
Dança das folhas ao vento,
noites mais lindas e mornas,
primavera que o ano adorna,
dias de sol e céu anil.

DIA A DIA

Recife anoitece
sob manto de lua,
barezinhos agitados
na vida noturna.

Enquanto as praias
descansam do dia,
a cidade serena
esconde seus sonhos.

Recife amanhece
com raios dourados,
tons alaranjados,
céu azulado.

A cidade volta
a velha rotina,
pensando nos sonhos
da noite passada.

A ROSEIRA

Cadencia o vento
a roseira vermelha,
balança a flor
molhada de orvalho.

Nos seus galhos verdes
pousou o colibri,
beijando a flor
que o sol enxugou.

OLINDA

Olinda mira Recife do alto
como se estivesse a admirá-lo.
Suas ladeiras nos levam ao tempo,
contam-nos histórias de antanho.
Casario vetusto, porém conservado,
galeria nobre de artistas diversificados.
Mar prateado em noite de lua cheia,
águas mornas em dia ensolarado.

PAVILHÃO NACIONAL

Tremula a bandeira
vistosa, estendida
no mastro mais alto
no céu em Olinda.

Sentimento profundo,
enchendo-me de orgulho,
gostaria o Brasil
de mostrar ao mundo.

SENTIMENTOS

Há mil maneiras de te ver, Recife.
Embora meu ser ainda resista,
guardando e escondendo emoções.

Libero por fim sentimentos,
confesso, és tu
uma das minhas paixões!

DUAS CIDADES, DUAS PAIXÕES

Duas paixões:
a terra onde nasci,
Montevidéu; Recife,
a cidade que escolhi.

Duas paixões:
a cidade onde cresci,
Montevidéu; Recife,
onde amadureci.

AO CAIR DA TARDE

Ao entardecer cálido do Recife,
a Praça Maciel Pinheiro
recebe seus visitantes vespertinos.
A alegria das crianças,
a última revoada de pombos,
a Igreja da Matriz aos sinos,
o casal de anciãos no banco
espera o tempo passar.
O trabalhador descansa
na beleza do chafariz,
mais adiante os namorados,
naquele momento feliz,
não percebem a noite chegar,
não sentem o dia cair.

DEZEMBRO (ADVENTO)

É noite, luzes ao longe,
cintilantes, coloridas,
dando fulgor, vida, esplendor à avenida.

É o Natal que se aproxima,
envolvendo Recife
com seus encantos, mistérios e magia.

ECLIPSE

Uma sombra te cobre gradualmente,
uns pensam nunca mais hão de ver-te;
outros sabem brilharás mais intensamente.
A sombra é nossa, planeta Terra,
tua luz roubada do sol, és a Lua,
que cheia, neste último eclipse do século,
te cobres plena, passeias, ao alvorecer
te mostras, serena, toda inteira.

FRAGRÂNCIA DO RECIFE (FLOR DAMA DA NOITE)

Perfume que exalas com intensidade,
aroma delicioso é bem verdade.
És dama da noite
perfumando a avenida,
não há quem não note,
és fragrância, és vida.

CAIS DO PORTO

Caminho pelo cais,
encontro com o vento,
indo com ele meus pensamentos.
A brisa marítima
inspira meus sonhos,
buscando com isso
belos momentos..

CALÇADÕES

Calçadões do Recife,
Duque de Caxias, Nova, Imperatriz.
Pelas tuas ruas, andam os passos,
deixando contigo
sonhos, alegrias, fracassos.
Nas compras, passeios, trabalho,
no cotidiano urbano,
pedestres a esmo, sem rumo,
deixando contigo
tristezas, mágoas e planos.
Calçadões do Recife,
Matias, Flores, Camboa.
Pelas tuas pedras, andam os passos...

LEMBRANÇAS

O som da chuva caindo
sobre o teto envidraçado,
o cheiro de terra molhada
me faz voltar ao passado.

Em que, sendo criança um dia,
quando nas tardes de inverno chovia,
depois que ela passava,
o galo cantar sempre se ouvia.

LUAR

Noites de lua cheia
no céu pernambucano,
a mais linda que já vi,
talvez a mais bonita do ano.
Majestosa, imponente, não!
És a mesma de sempre,
a cada dia mais bela aos meus olhos.

CONTRASTES

Vejo-te calma, pacata, tranquila.
Vejo-te triste, talvez deprimida.
Recife aldeia, por vezes, metrópole,
Recife metrópole, às vezes, aldeia.

Vejo-te alegre, feliz, buliçosa,
agitada, um tanto violenta,
amarga, acre, cinzenta,
doce, de muitas facetas.

No entanto, embalas,
no entanto, acalentas.

INCERTEZAS

Dilacera-me a preocupação,
a angústia, a insegurança,
dá-me forças a fé,
alento, esperança.

Tira de mim, manancial inesgotável,
o suficiente potencial,
energia potável, o soro da vida,
oxigênio para o porvir.

PENSAMENTO

Verás que não és
um homem perdido no mundo,
mas que o mundo está perdido
na mão do homem.

BRINCANDO COM OS BAIRROS DO RECIFE

Os **Dois Irmãos** estão **Aflitos,**
porque eram **Dois Unidos**
e brigaram por um **Cordeiro**.
Foram à igreja de **Casa Forte**,
rezar para **San Martin**, subiram à
Torre, viram a **Boa Vista**, a **Casa Amarela**,
que eles pintaram, e o rio **Beberibe**
de **Águas Compridas**.
Desceram, pediram **Graças** a **Santo Antônio,**
São José e **Santo Amaro**, falaram com **Monsenhor Fabrício**.
Reconciliaram-se, beberam licor de **Jenipapo** à sombra de um **Cajueiro**.
Beberam **Água Fria** e, com um galho de **Arruda** atrás da orelha, despediram-se de
Madalena, viajaram, fizeram **Boa Viagem**.

MANHÃ

Manhã jovem,
manhã nova,
manhã criança,
manhã sem rugas,
manhã de rosto limpo,
de sol a iluminar.
Vejo-te, beija-me
a brisa, quero apalpá-la,
quero contemplá-la.
Mais tarde sei
envelhecerás, perecerás,
a tarde nascerá.

MELANCOLIA

Que tristeza tarde
nesta hora,
quando o dia acaba
e pela noite adentras.

Se eu pudesse, dia,
pulava esta hora
e iria logo
pela noite afora.

LUNAR ESTELAR

Chega a noite,
desfile de estrelas,
a lua radiante
por ela passeia.
As nuvens se foram
para onde? Não sei!
E a lua subindo
 até o amanhecer,
quero alcançá-la
mas sem puder.

INTERAÇÃO

O dom da palavra,
da escrita, da leitura,
dádiva divina,
criação, criatura.

SÃO JOÃO

Ao raiar do dia de São João,
a brasa, a cinza, ainda arde a fogueira.
A festa em chama desde a véspera,
as crianças exaustas a dormir, quem sabe?
Fique lenha para São Pedro comemorar...

IMPOTÊNCIA

Vejo-me impávido, parco, por momentos, reajo.
Os meus conhecimentos a esmo,
sem destino, onde aplicá-los?
 O mercado tão restrito.

As portas fechadas para a idade, e o tempo,
sempre o tempo, passando
indo embora, a idade,
só me restam os meus conhecimentos ...

SONHOS II

Haverás de saber um dia que
nem tudo que sonhavas concretizar-se-á,
que nem tudo era tão importante,
que outras coisas acontecerão
e sonhos mais simples te contentarão ...

O POETA

Ávido de letras,
com inspiração empunhando a caneta,
com habilidade escrevendo sonetos,
criando poesias, rimas e versos.

O Poeta.

DESINSPIRAÇÃO

Vontade de escrever.
E a inspiração onde está?
Aonde foi?
Escrever sobre o quê?
Colhendo palavras,
buscando elementos.
Assuntos se vão,
ideias não tenho,
são como vento...

GRATIDÃO

Quando o dia amanhece
e o sol aparece,
agradeço a Deus, com uma prece,
o aventurado dom que ele oferece.
A vida magnífica que
a manhã fornece com a
divina dádiva que me pertence.
O entusiasmo pleno de
gratidão em mim floresce.

OLHAR

Meu olhar preguiçoso
passeia no horizonte,
confunde-se o céu
com o azul do mar.
Num só se fundem e eu
parcimonioso, pasmado, sem pensar em nada,
não posso deixar que a tristeza,
como o mar, meu ser inunde ...

FAMÍLIA

Meus Pais, meus Avós preciosos seres que perdi...
Perdi?
Perdi-os, fisicamente, mas deixaram sua herança de amor e formação ética e moral.
Os meus Sogros que, com a sua humildade e simplicidade, souberam criar os filhos,
formando-os para a vida, para o mundo.
Família a base de tudo, valorizemo-la porque o mundo esvazia-se perdendo os mais
importantes valores que são: o respeito para com o próximo e, sobretudo, para com os
idosos, os mais experientes e sábios.
Devemos descartar todo tipo de discriminação, racismo e preconceito, e valorizar a
educação familiar e o respeito.

Viva a Família!

FOLGUEDOS JUNINOS (CANTIGA)

Arde lenha até queimar,
em brasa viva até acabar.
As fogueiras homenageiam os
Santos: Pedro, Antônio e João.

Arde lenha até queimar,
em brasa viva até acabar.
Assam milho, fazem canjica, pamonha,
fazem quentão, que junho é dos
Santos: Pedro, Antônio e João.

Arde lenha até queimar,
em brasa viva até acabar.
Tem feirinha, animação, fogos,
quadrilha, tem forró
para os Santos: Pedro, Antônio e João.

PRAÇA DA REPÚBLICA

Campo que viu a Princesa passar.
Praça que foi de Maurício de Nassau.
Muitos passam sem notar
o Fórum, o Teatro, as palmeiras imperiais,
o verde, o Palácio, os pássaros a revoar.

CALMARIA

A tarde está calma,
calmo é o silêncio.
Parece que parou o tempo,
que silencia a tarde,
que silencia ainda mais
o silêncio...

BEM-TE-VI

Bem-te-vi amanhece gorjeando.
Da casa, o quintal é o cenário.
Vejo-o durante o dia,
escuto o seu trino.
Procura a parceira
buscando-a no ninho;
anoitece em seu canto.

REFLEXÃO

Olharei mais detidamente para a vida,
aproveitarei deveras o presente,
não deixarei que o futuro me sufoque,
porque a Deus o amanhã pertence.

EPITÁFIO

Quero ser lembrado assim:
nasci, cresci, formei Família,
tive Filhas e Netos,
plantei árvore, escrevi.

SONETO DA LUA

Na noite cálida das quimeras
vejo-a calma no remanso,
que anuncia o manto do ocaso
a lua simples em seu descanso.

De luz tênue e roubada
no firmamento aparece inerte,
do sol emana a luz tirada
que por toda a terra ela verte.

Sem vida própria, não obstante
a vida dá, e onde os amantes
no azul cenário veneram.

Extasiados no céu olham
e sem pudor, calmos e
despossuídos se entregam.

DESGOSTO

Choras por quê?
Deságua no teu lenço,
enxuga o teu rosto,
deixa-o ir, porque ao ir-se,
com ele a tristeza se vai;
e em sentido contrário
no mesmo caminho,
quando menos esperas,
outro amor encontrarás.

RENASCE CIRANDA

(Homenagem a Dona Duda, Mestra e Divulgadora da Ciranda na
Praia do Janga - Paulista - PE)
Vitalina Alberta de Souza Paz

Nasceu para filhos
de pescadores no Janga.
Vitalina cantou e dançou,
na praia, no litoral,
seu nome fincou.

Também para adultos,
na sua dança pura,
chamou o turismo
para nossa Paulista,
obrigado Dona Duda.

"No caminho das Letras, na próxima esquina é o reencontro para Poesia..."

BOA NOITE

"Despeço-me nesta noite, em
que a ausência minha tristeza
denota, com um beijo bem suave
que minha alma conforta."

"Os Poetas nunca morrem, vivem em sua Obra"

"Quando não tenha o que fazer e as mãos inúteis, acariciarei o teu rosto e sentirei o perfume não de teu corpo, mas vindo do teu coração."

Conheci a fonte, bebi dessa água, e agora?
Sem sede também bebo.

"Ao ver o dia caindo e a noite surgindo, um amanhã igual ao hoje eu estou pedindo."

OLINDA À NOITE

Olinda à noite é bela, bela e
suave a brisa vinda do mar,
que acalma a minha alma
e aumenta o meu bem estar.

Obrigado a todos por tudo e tudo para todos!

MULHER

Mulher, não preciso
de data para lembrar-te.
Minha Mãe gerou-me,
Minha Avó e Tias criaram-me.
Esposa, Filhas, Sogra, Amigas,
lembro todo dia.

"Que a suave brisa noturna acaricie a sua fronte com um leve pingo de orvalho"

TEMPO DE CRIANÇA

A figueira me viu menino
brincando pela casa,
como se fossem ruas
nomeando os caminhos.

Da ameixeira fiz avião,
o cavalo a minha vassoura,
do revólver de festim
eu era o vaqueiro herói.

Da parreira inclinada, para mim
arquibancada, aí era jogador,
do microfone improvisado,
sonhando em ser cantor ou locutor.

E assim se foi a minha infância,
pebolim, pipa, muita bola na rua,
esconde-esconde, patinete, bola
de gude, carrinhos de rolimã, queimado.

Sempre presente o meu passado...

"A noite avança e no portal da madrugada,
desejo-te que o novo dia acolha-te na alvorada."

SAUDADE

Se ausência e saudade matassem
morto já estaria, não obstante
a tua falta, deixa-me
convalescente e pereço a cada dia.

Se ausência e saudade matassem
morto já estaria, não obstante
a tua falta, deixa-me
convalescente e pereço a cada dia.

A MINHA TORCIDA

Antecede o mundial,
também em Pernambuco,
a Copa das Confederações.
Por um lado Uruguai e Espanha
duas boas Seleções.
Do outro Brasil laureado,
que em Brasília começa,
assim como os Olímpicos
a admiração desperta.
Canarinhos buscando a glória
Celeste buscando façanha.
Pelos dois torcendo
pois do Uruguai gerado.
Pelos anos vivendo
do Brasil fui adotado.

"Eu não sou o que você pensa que eu sou, tu não és o que você pensa que és, apenas somos."

CIRANDA PAULISTENSE

Paulista das ondas azuis,
do mar verdejante natureza nos dá.

Tua gente que as praias emolduram,
acolhem turistas para te mostrar.

Peixe, maré, vela, jangada,
Maria Farinha, praia imolada.

Janga, Enseada, matas, ipês,
litoral do Paulista que o criador fez...

AUSÊNCIA

A sua ausência preencho com as
minhas lembranças, de dias bons
nos momentos vividos, de ver-te
de novo tenho esperança, para
encontrar outra vez o carinho obtido.

RENOVAÇÃO

Na tarde que a minha fé renova
o meu ânimo, lembro do
que perdi sem ter perdido,
do que se foi sem ter ido...

VOO

Como pássaro, da sua mão
voas e vás, não te esqueças,
espera-te o teu ninho...

NOITE

A noite desce,
a solidão padece,
a madrugada cresce,
o dia amanhece...

FRIO

O frio é o pretexto
para o abraço aquecido,
do carinho por ti guardado,
do meu rosto no teu colado,
do meu beijo umedecido.

UMA FLOR "UMA PINTURA"

Como pode uma flor ostentar
outra flor, mas ao deixar
estar por detrás da orelha
o jasmim...,
extrai dele todo o seu perfume,
e a sua beleza se sobrepõe
a contragosto da natureza.

EU

Na tarde que o meu pensamento
silencia o todo, e eu do nada
penso em mim, da sonhada
paz, do meu interior tranquilo ficar,
do bem-estar, de viver, enfim...

"Sentir saudade é preencher a ausência com as lembranças dos momentos vividos"

DESENHO ANIMADO

Desenha-se no papel a figura do animado.
Traços rápidos com graça e
cor será digitalizado.
Ao dar-lhe movimento e vida,
ao público no cinema será ofertado.

FRUTO

Uma árvore,
uma flor,
o fruto.
Uma mulher,
 a flor,
 o fruto,
o filho...

NOITE

A noite cai em Olinda,
busco para encontrar-me,
e dos calçadões pisoteados
do dia ainda, parece-me nas
suas pedras ver-me.

O DIA

O dia feliz transcorre
deixando a manhã
ensolarada, entrando pela
tarde preguiçosa, aguardando
a noite enluarada.

RENASCER

Nada nem ninguém
faz-me desistir do que eu quero,
para baixo hoje
para cima amanhã.
E na gangorra,
adormeço, e com Deus
renasço para viver outro dia!

FLORES

Que el olor del jazmin
te envuelva com su perfume,
y el clavel del aire te traiga
com él para cerca de mi.

Que o cheiro do jasmim
te envolva com o seu perfume,
e o cravo te traga com ele
para perto de mim.

PROTEÇÃO À FAMÍLIA

Aos Anjos dou permissão
para lhes guardarem a todo instante.
Sobretudo, sempre e quando
eu, estiver distante.

PAZ

Ao raiar do novo dia,
que a paz lhe seja
dada por Deus,
vivendo com alegria.

O ARTISTA

O pincel flutua na tela,
o Artista espalha criatividade,
sutileza e leveza.
Aos poucos se criam imagens,
contornos, desenham-se sonhos,
momentos.
Pintam-se ideias, paisagens,
monumentos, do pintor,
da criação elementos.

ESPERA

Sentado a tua espera
olhando para fora,
a tua demora, eu,
a mesa, cadeira.

QUARTO

Vejo sombra no meu quarto,
a solidão aumenta o passo,
desejo alguém estar comigo,
e o desejo por vezes tem descaso,
onde a escuridão trapaceia e
o silêncio meu inimigo.

Vejo sombra no meu quarto,
a solidão aumenta o passo,
desejo alguém estar comigo,

ACONCHEGO DE MÃE

Envolto em braço sincero,
carinho e carícia,
coração apertado,
teu beijo singelo.

DOMINGO

O domingo se transforma em cinza,
onde ontem era luz,
um dia ensolarado
com muitos raios de sol,
o amanhã me espera
para transformar o grisalho em cor.

VOZ

Ao escutar cantar os pássaros
no novo amanhecer, deixo rolar
na imaginação o som de uma voz,
uma palavra que em forma
suave de trino, preenche
os meus ouvidos.

FIRMAMENTO

Na imensidão do meu sentimento,
de onde emana qual manancial,
desperta o meu amor neste momento.
Na intensa forma e enorme extensão
do firmamento, e grande como
o azul celestial.

MEDITAÇÃO

Quando nas incertezas da noite,
do dia que tudo distrai se acaba
em penumbra, as preocupações
afloram, e eu tento disfarçá-las,
na oração e na meditação profunda.

DOMINGO DE SOL

Domingo, o sol aparece,
a saudade cresce,
a tarde desvanece,
a solidão reaparece,
e o ânimo na gangorra
do sobe e desce.

REFLETIR

Aquele que ama sofre,
aquele que ama ri,
aquele que ama chora,
aquele que ama é feliz.

Escrita na minha adolescência

NOITE

Na calada da noite
onde até as almas
descansam, e onde
a madrugada até o
sol levantar avança,
penso no porvir, de
um futuro melhor
eu tenho esperança.

REFLETIR II

"A pessoa sofre quando não externa o seu sentimento, e na sombra do quarto ao deitar, lembra que não diz o que sente."

HORIZONTE

Horizonte vejo, não me vejo.
Vejo-me nele, não me vejo.
O sol nascente, o luar, vejo.
Para ver-me o que eu faria?
Aboliria o por do sol, o amanhecer,
a lua cheia?
O simplesmente esperaria,
talvez eu faça, esperar...

PRESENÇA DE DEUS

O azul do céu,
o brilho do sol,
a natureza pródiga,
o encanto da lua,
tudo isso é mais
lindo e possui mais
valor, quando sinto
a presença tua...
Deus!

AMANHECER

Quando surge o dia
no amanhecer claro de outono,
vejo o sol tímido mostrando o rosto luminoso
esquentando a manhã fria.
E com os raios dourados vejo-o também
esquentando a minha vida,
aquecendo o meu coração e
desfazendo a tristeza
que invade a minha alma, da
ansiedade, da angústia, da dúvida.
A esperança brota em cada gota de orvalho
que evapora levando longe o meu estar,
o meu sentir de momento, e
de saber que tudo pode ser mudado
ao toque de um passe de mágica,
que está em nós, de querer, de doar-se,
enfim, da fé, do amor maior
que está em Deus!

LIVRE

Queria ser livre,
como livre o
meu pensamento é,
que é livre ao
contrário do que eu sou...

PENSAMENTO

A cada tristeza
que a vida te mostra,
a cada contrariedade,
Deus nos dá a força
para sairmos da adversidade.

PENSAMENTO II

Cometi vários erros sei,
mas sei também que passei
pelo mundo e cumpri a minha missão,
aliás, tenho mais a fazer tenho certeza,
por isso apesar de tudo sinto-me feliz e
agradeço a Deus por isso,
por poder ser como sou, eu...

SILÊNCIO

Quando pensas que o silêncio
é o esquecimento, não
esqueças quem silencia,
não necessariamente
tira você da sua mente.
Ama e reverencia e
lembra eternamente.

SILÊNCIO

Quando pensas que o silêncio
é o esquecimento, não
esqueças quem silencia,
não necessariamente

MONÓLOGO

Estava falando com o silêncio, batendo
boca com o nada, da enorme falta que me fazes,
da longa ausência que se prolonga.
Da solidão que distancia,
do contido pranto que não derramo,
da estrada que aproxima,
de que és tu, que o seu nome clamo.

GARÇA

No meu pântano,
ausente tu estás,
este belo sonho se desfaz,
garça errante alçastes voo,
e na plumagem, levastes-me
o branco de tua Paz!

GARÇA

ESTRADA

Ao ir, de ti tenho saudade,
que pela estrada leva-me
à simples lembrança,
do caminho de volta
ansioso estou, de ver-te
cidade, tenho esperança...

ALTO DA SÉ

Passeio o meu olhar,
horizonte perdido,
igrejas, coqueiros, casario.
Recife ao fundo, ladeiras,
ateliês, museus, jardins floridos,
Olinda o Mundo.

MUDANÇA

Na noite em que
o meu pensamento,
eleva-se ao Divino,
pensando em tudo,
e o que deve ser mudado,
lembro-me do que foi me dado
e como mudar o meu destino...

CAMINHAR

Um caminhar inseguro.
Onde estou pisando,
aonde leva-me a estrada
Tu acompanhas, vou só,
devo seguir, devo esperar.
Então simplesmente eu vou,
se queres seguir-me
aceitarei de bom tom,
neste caminho da vida
não pretendo ficar em solidão.

CIRANDA OLINDENSE

Olinda cidade suspensa,
de muitas Igrejas, dos coqueirais.
Ladeiras de pedras antigas,
me encantam, quando as posso pisar.

Galerias, Artes, Museus,
mosaico de artistas imortais,
história, lutas, memória,
patrimônio e o teu carnaval.

Passeando, andando
do Alto da Sé,
casario acompanha
até eu descer.

TEMPO

O tempo não se conta é contínuo,
e nessa continuidade não conto anos,
vejo o dia após dia e
assim, a cada amanhecer
tento um aprimorar,
me busco, e nessa busca sou eu.
Sou eu, e quem gostar de mim
que seja assim, o eu
impreterivelmente, desta forma
aprendo com meus erros
mas, afirmo minhas virtudes,
meus princípios, não mudo...

SONETO PARA PAULISTA

O céu olho nesta noite prateada,
do litoral enorme os coqueiros
a balançar, em suas palhas da lua
o branco, da Paulista enluarada.

Retratos mil foram tirados,
cantada em verso e prosa és tu Cidade,
que por muitos foste esquecida,
mas versos infindos foram recitados.

E de repente com denodo,
assim como te esqueceram,
veio a prole desenfreada.

Como ressurgindo do nada,
lutando por teus rios e matas,
fizeram de ti uma Terra amada.

ESPERANÇA

Quando pensas que está tudo apagado,
o teu futuro e tudo mais,
sopras e das cinzas o fogo reacende,
é como a esperança...

HOJE

E a vida mostra-me, novos caminhos
sem fronteiras, sem destinos,
passo a passo no presente,
sem olhar adiante, tampouco para trás.

E nesse caminhar lento vejo o hoje,
tentando tirar dele o máximo,
porque nesta fase da vida,
o máximo agora é o que importa.

Porque o amanhã é incerto, então
hoje por hoje é o que eu tenho,
aprendendo com a vida, lições
somadas, caminhando e vivendo.

Sou filho de Deus,
sou frágil criatura,
defeitos, pecados,
penitente ser,
que pede perdão,
amor e candura

HAICAI PARA PAULISTA

As minhas paineiras,
na cidade onde moro,
da flor algodão.

FRIO

(Haicai)

Tão fria a noite,
sob o lençol de nuvens,
a lua tremia.

HIPOTERMIA

As palavras congelavam sobre intenso frio,
o vapor bucal espalhava-se ao relento,
os lábios secos pela temperatura à intempérie,
buscavam encontrar a boca molhada.

QUADRO

Pincelo o quadro fictício de cores mil,
no pensamento vejo a névoa úmida,
a geada cobre o gramado serrano,
cenas vistas no noticiário vesperal.

Parece-me sentir o frio,
não vejo os pássaros,
onde o despertar é retardado,
na manhã onde o sol tímido
aquece aos poucos o roçado.

VIDA DE SERTANEJO

O salgueiro inclina seus galhos
curvando-se sobre o solo árido,
do sertanejo a seca o destino.
O sol castiga o chão estorricado,
 a chuva, esperança, presságio divino.

A palma alimenta o gado
que mal alimenta o homem,
a mobília, uma rede, a esteira,
da prolongada estiagem,
pode o banho ser a poeira.

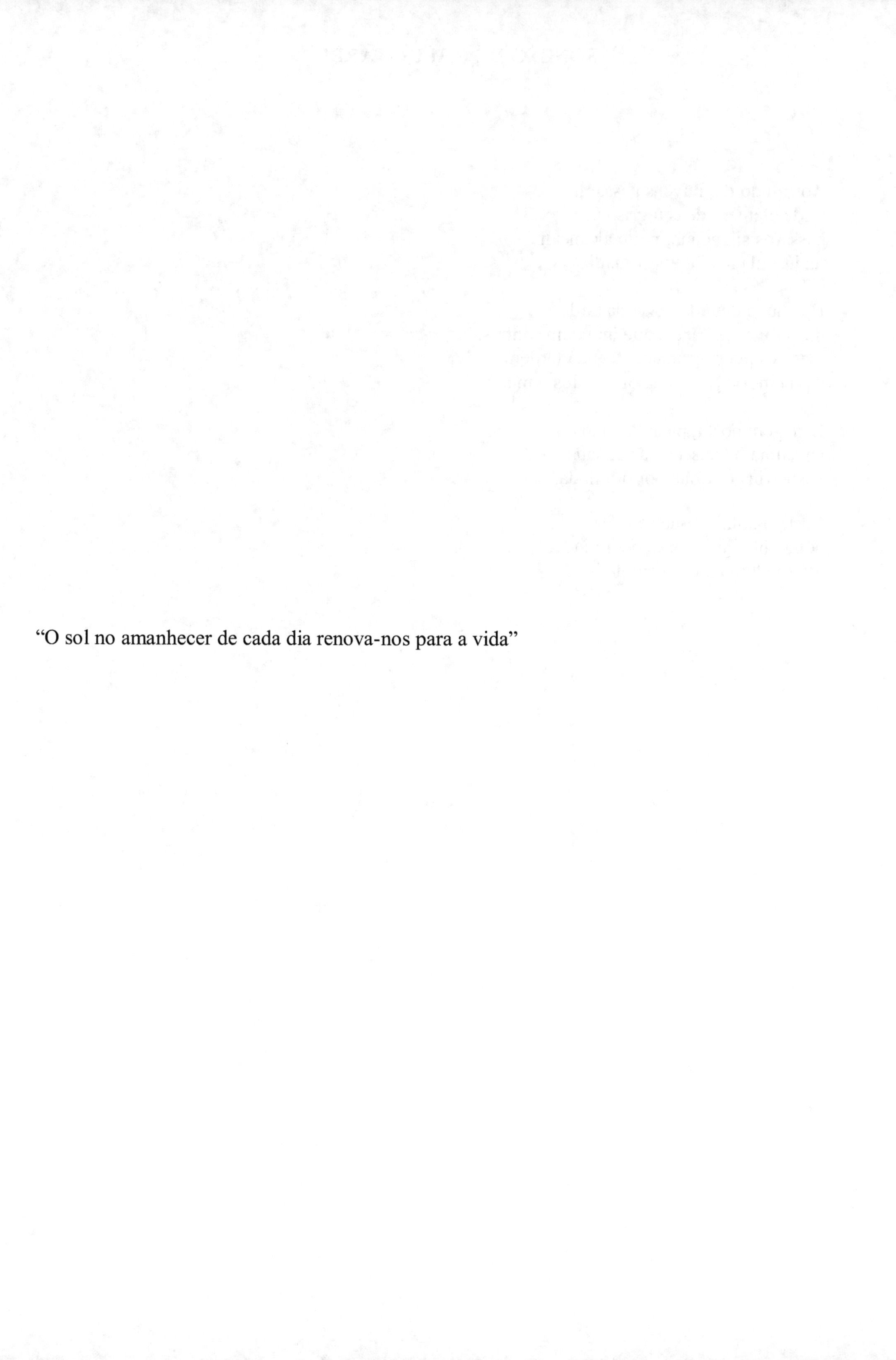

"O sol no amanhecer de cada dia renova-nos para a vida"

SONETO DE FIM DE TARDE

Ao fim do dia nuvens passam,
tarde efêmera de céu gris,
pássaros silenciam, noite alcançam,
maiúscula lua, aqui estou, diz.

Da chuva deitada por toda tarde,
dos afogados canais que inundam sonhos,
mesmo que pensamentos ainda tardem,
na memória reunidos, ordenados ponho.

Estiagem posta, plácida, vinda,
na calma intrínseca da sonhada paz,
vespertina dor que por ora finda.

Castiga solidão que se refaz,
companheira noite és bem-vinda,
atingindo o ápice, a calma jaz.

"Ao começo da tarde, no Recife, os sonhos crescem e o sol arde"

SONETO PARA A CIDADE DE MONTEVIDÉU

(Adaptado da Décima Reencontro)

A saudade tem idade,
visitei a minha gente,
de maneira contente,
cheguei a minha cidade.

Nela, alegre pude andar,
pelas suas ruas e praças,
taciturna me abraça
e incita-me a voltar..

Ao vê-la, alegria senti,
pois outras terras busquei,
sentimento não escondi.

Quando seu solo avistei,
por tudo que aí vivi,
esquecer não imaginei.

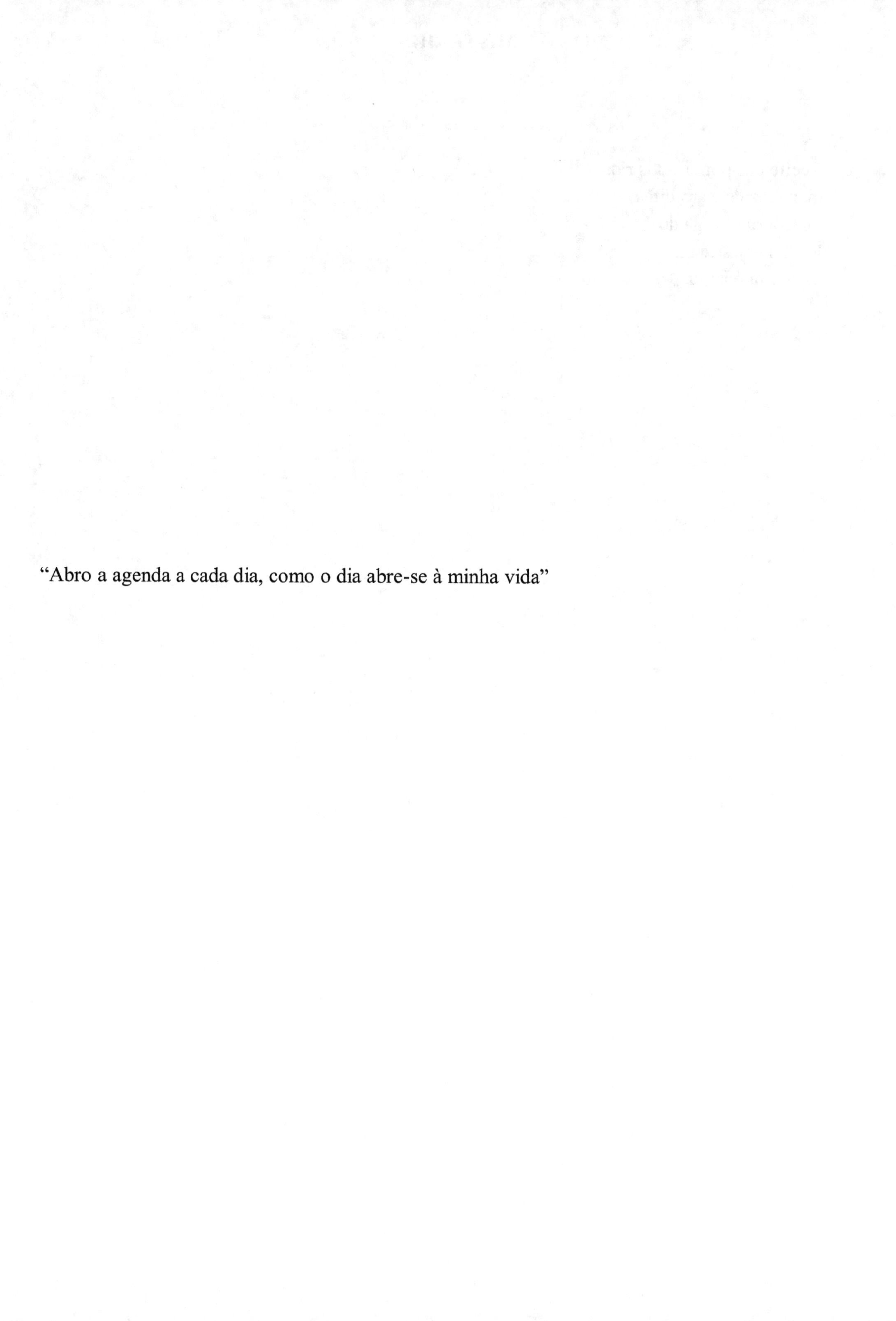

"Abro a agenda a cada dia, como o dia abre-se à minha vida"

MISTÉRIOS

Recife das pontes, dos rios,
manguezais e arrecifes,
onde a rua Larga do
Rosário é estreita,
a estreita é larga.

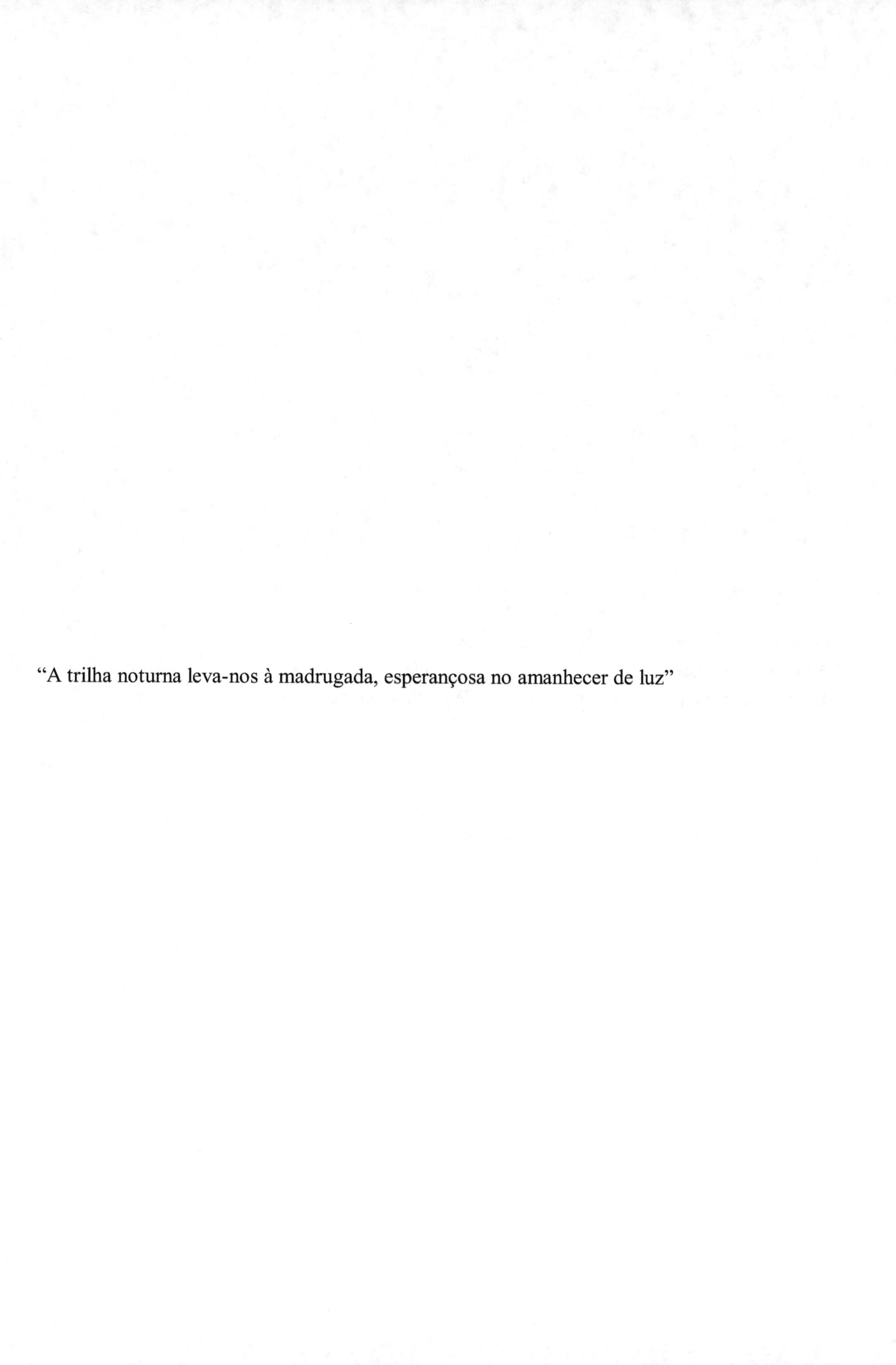

"A trilha noturna leva-nos à madrugada, esperançosa no amanhecer de luz"

Primavera no Recife, porém será que não é verão?
As flores sim, tudo o que envolve sim, o vento que passou de agosto, sim, o verde o
aroma, mas será que não é verão? O calor derrete o ânimo e o sol esquenta o próprio
sol...

Vou deitar o corpo e descansar a mente, e quem sabe, a inspiração de repente...

Na calma do domingo, quando as mãos cansadas da semana laboriosa repousam, ousamos pedirmos a Deus a bênção para a virginal jornada que se aproxima...

PEDESTRES

A passar na calçada vejo,
com ritmo desenfreado,
pedestres, adivinhar
os seus pensamentos?,
desejos?, as atividades
na imaginação prevejo.
Preocupações no rosto
fechado, outros, das alegrias
por fim obtidas, sorriso tímido,
nas compras realizadas,
das tarefas do dia efetuadas,
trabalho, labor concluídos,
eis o cotidiano do Recife...

"A noite chega e nos acolhe com a sombra da Paz, esconde nossas preocupações, revigora o nosso ânimo, limpa a nossa mente e leva-nos ao repouso"

A distância tampouco o silêncio desfazem uma amizade, eles não têm tempo e muito menos idade!

"O sol levanta até a tarde, aquecendo os sonhos do sábado"

A lua é linda no Recife, não apenas linda, linda sempre, linda em todo lugar, aos meus olhos então...

"Entre Flamboyants e Sol, a Rua da Aurora brilha."

O Sol levantou bem desperto para aquecer o sábado em Pernambuco...

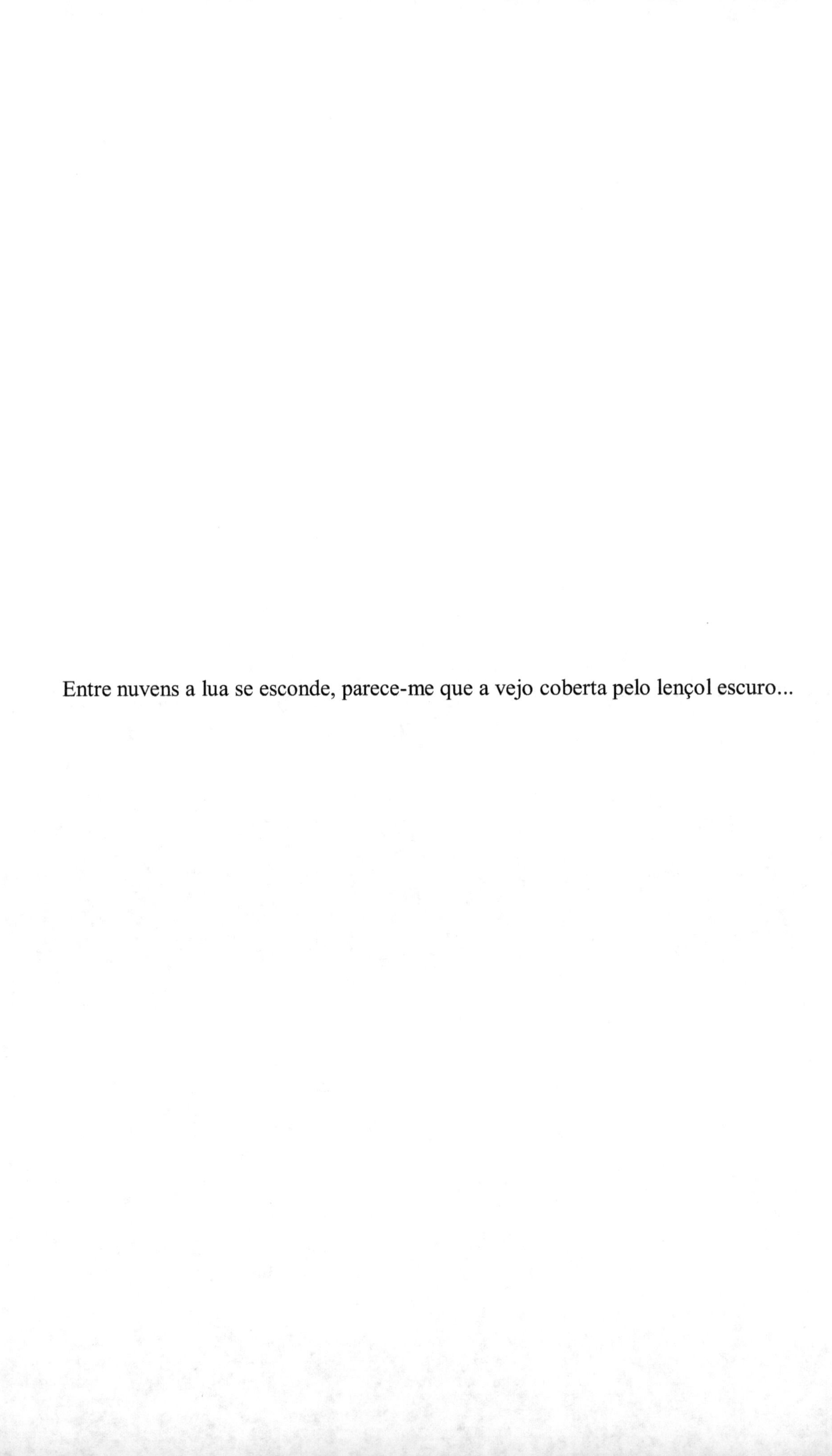

Entre nuvens a lua se esconde, parece-me que a vejo coberta pelo lençol escuro...

TERRA MOLHADA

Entrando pela tarde,
enquanto a chuva
mansa passa rapidamente,
lembro daquele cheiro,
o perfume suave da terra
molhada, que depois
do sol do dia inteiro,
invade-me novamente.

Da inspiração de Deus vive o Poeta!

O sol no amanhecer de cada dia renova-nos para a vida!

Trilho no caminho dos sonhos, a noite lenta convida-me para o momento, a inspiração
brota, como botão molhado pelo orvalho deixo-a molhar o meu pensamento, que salpica
aos poucos o meu sentir, e desliza nos meus sentimentos.

ESQUECIMENTO

Abraços, comemorações, festejos,
peru, presentes, desejos,
na árvore, o pisca reluz,
aniversariante, esqueceram eu vejo,
pois nas casas, não está Jesus...

O dia nasce, cresce, não morre, acrescenta-se às nossas vidas!

IMAGEM

Quando me vejo no espelho,
a minha imagem tenho, o eu,
com todas as virtudes e defeitos.
Quando me vejo, eu invertido,
aparecem sinais, rugas, anos.
No entanto, sou mais que rosto
refletido, sou tudo, serei pó,
serei nada, sou vida...

Envelhecer é viver, portanto, fiquemos velhos, pois ficaremos vivos!

Na amizade suave e bela a saudade é como um bálsamo e lembramos tudo de bom que existe nela...

O dia transcorre na manhã tímida que se despede, à tarde nos acolhe com a brisa da paz!

A noite é escura para deitarmos sonhos, descansarmos mentes, acolhemos o dia, e renovados semeamos esperança...

Tarde na sexta, enquanto uns trabalham, uns repousam, outros dormem a sesta, vejo o sol tímido pela janela assomar na fresta...

Na noite, depois do dia que há partido, agradeço o que foi me dado sem ter pedido!

Não tenho poema, não tenho inspiração, para não passar em branco, sem uma ideia, neste dilema, escrevo estas linhas apoiado neste banco...

RASTOS

Recife natural cidade,
nos prolongados passos
ouço o frevo nos
desvirginados calçadões.

Onde as soltas pedras ainda dançam
e os foliões alegres derramaram seu suor.

Na figura esguia da parede
a silhueta arlequim a descansar,
o vento sopra a marcha ida
dos outrora e belíssimos carnavais.

No domingo dia do sol, nublado está, nublado estou...

SEM CALENDÁRIO

O tempo é único, não se mede.
Não conto dias, não conto anos,
não conto horas, tampouco manhã,
tarde, noite, apenas vivo....

HOMENAGEM A DONA LILÁ

A minha poesia cala,
perdemos nossa Lilá,
do Altíssimo na sala, certeza ela está,
Leocâdia Maia, nossa confreira,
declamando com ternura, talvez, quiçá...

REPOUSO

Vou deitar o corpo
e descansar a mente,
e quem sabe, a
inspiração de repente...

Não fique triste, o pássaro preso canta, procria e só come alpiste,

ALTA MADRUGADA

Quando a sombra da noite cai
e pela madrugada adentra,
eleva-se a lua cheia
iluminando o firmamento,
enquanto desperta o astro sol...

ALTA MADRUGADA

Quando a sombra da noite cai
e pela madrugada adentra,

CALOR

Vejo o sol na tarde
entrar pela fresta, onde
no Recife o calor arde e
a cigarra faz a festa...

Interessante, vejo a poesia como uma excitação, chega de repente, desabrocha, em qualquer lugar e hora, e sem pedir licença sem mais nem menos, aflora.

VIVER

O tempo me consome,
ele se consome,
não queria tê-lo,
depender dele,
apenas existir.
Talvez sem relógios,
porque tempo é um só,
sem intervalos,
tampouco anos,
sem pressa,
apenas viver o dia,
depois a noite,
e o dia e a noite, enfim...

BÊNÇÃO

Tenho duas filhas
que amo por demais.
Sem distinção eu
quero, ambas por igual.
Uma delas deu-me netos,
lindos de morrer,
a outra vai me dar
ansioso estou por ver.
Carinho eu dou e amor
nos afagos meus.
Agradeço esta graça,
Louvado seja Deus!

As palavras brotam da imaginação reluzente, os versos nascem como não poderia ser diferente, do inspirado poeta, do dom que vem do divino em forma de oração...

Bom dia às crianças, a nós que um dia também fomos, e que temos em um cantinho o espírito de sermos!

A distância é cruel, ingrata, afasta almas, vidas, afasta.
A distância silencia, é impiedosa, nefasta, maltrata, afasta, afasta, afasta...

A noite nos chega com seu manto de paz, o lençol de nuvens a lua cobre.

A semana nos espera construamos sonhos, concretizemos planos...

O silêncio nos fala e muitas vezes não o ouvimos...

O pensamento nos leva a sonhos inalcançáveis...

DIA DE SOL

Começa à tarde,
um dia ensolarado,
aqui o sol queima,
e eu não tenho hoje
seu abraço acalorado,

DIA DE SOL

Começa à tarde,
um dia ensolarado,
aqui o sol queima,
e eu não tenho hoje

OUTRO ANJO DO SENHOR

Chega Alice para
a família adornar,
com Carlos e Manuel
os netos se completam,
a ansiedade parece cruel
nos meses que se alongam,
que para o seu rosto ver
mal posso esperar...

Tua boca roça meu corpo, na sua pélvis encontro calor, vejo o arder nascer, queimando lentamente com volúpia e prazer...

Quando o alicerce é bem formado, tempestades, contrariedades, não mudam tudo que é amado...

LONGE DO MEDO

Não tenho mais pudores
 tampouco medos,
posso ser ansioso, posso ser sincero?
Desafios enfrento para ter o que quero.

Sou poeta canto versos, na alegria, na tristeza, no tédio, no adverso...

Deixo o meu verso palavra do poeta, emitida, dita, nua...

NOTURNO

A noite chega,
de branco a mata,
a lua cheia,
de estrelas o manto.

ATLÂNTICO

Dourado Atlântico,
o sol esquenta a areia
que aquece os pés.

O azul mar encontra
com o celeste céu,
onde à noite

a branca lua,
prateia à água
e os olhos meus.

NATUREZA SUAS FORMAS (Quadro de Conceição Patrício)

A natureza nos envolve, entrega suas formas,
entre nós o caju, manjares de doces, sucos e polpa.
A pobre castanha esquecida, o verdadeiro fruto
que torrado nos delicia, cores que na tela
aguçam nossos sentidos, de intensos
sentimos seu aroma, da mão da artista então
degustamos.

Neste dia iluminado entrego meu beijo, em um abraço apertado e segurando teu queixo...

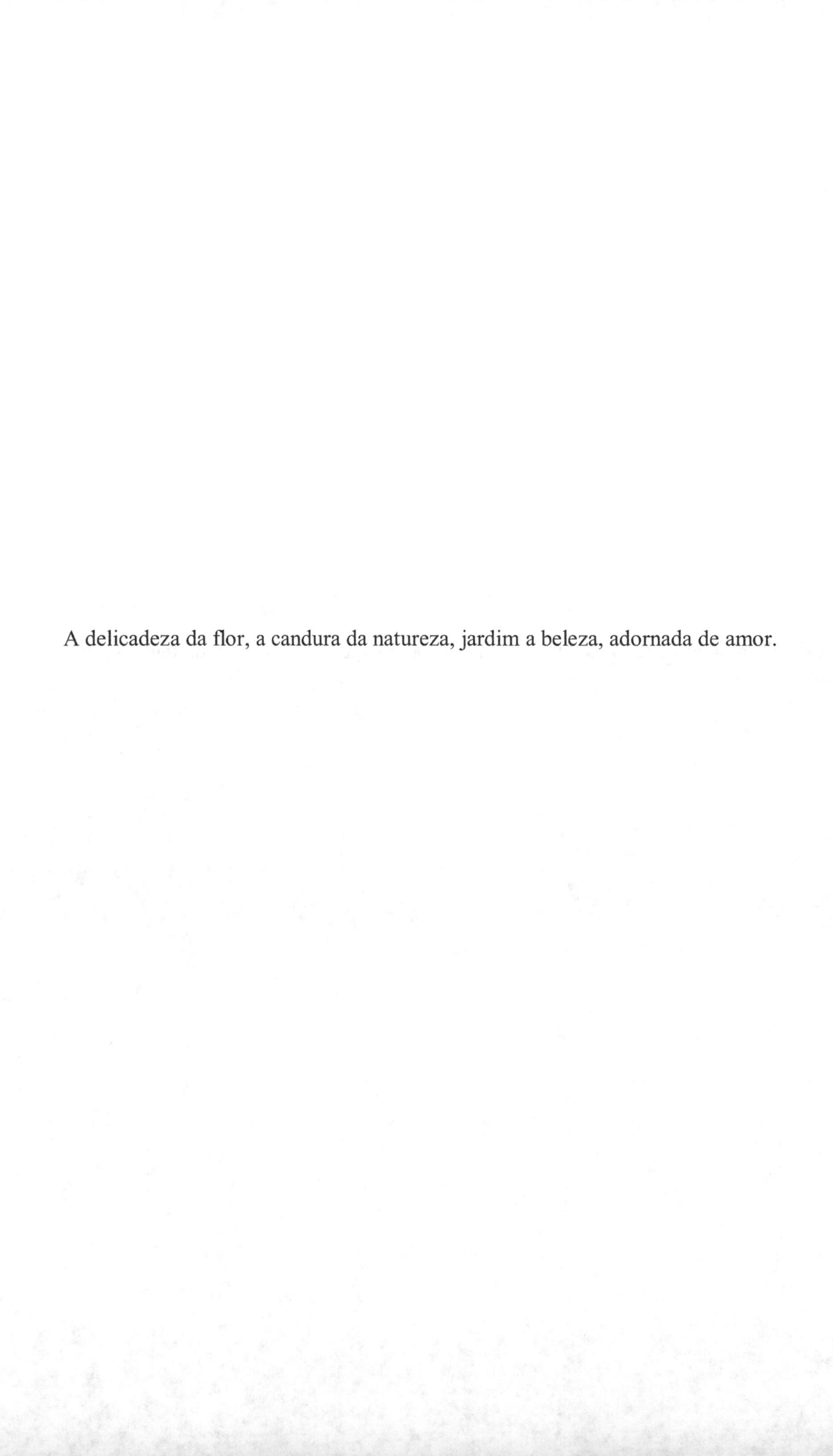

A delicadeza da flor, a candura da natureza, jardim a beleza, adornada de amor.

Meu corpo repousa nu esperando o teu, que cai sobre mim com a suavidade de uma folha, explorando-o vastamente na sensação de êxtase, paixão, desejo, ardor....

CHUVA NO RECIFE

A chuva molha a manhã do Recife
e entra pela tarde,
salpica o Capibaribe, lava as pontes.
Praças vazias somente bancos,
os ausentes pássaros levando seus trinos,
solitárias e molhadas ainda mais as fontes.

No cinza do dia, no molhar das pétalas, no jardim florido, a gota tênue de chuva à frente da janela, de repente estia, um rápido voo de um pássaro, a tarde fica mais fria.

DESPERTAR

Do fundo do meu peito
a saudade me desperta,
longe do meu leito
a emoção triste aperta.
No sono incomodado
lembro ao despertar,
de todo carinho dado
os laços a espreitar
a todo ser amado.

ALIMENTO

A profundidade da sua alma,
alimento com meus doces versos,
que minha inspiração traz em forma de oração,
quero atingir o âmago com palavras suaves
e ir direto ao fundo do seu coração...

Abreviamos palavras, mas não abreviamos momentos, vida...

LUA

Na noite cálida das quimeras
vejo-a calma no remanso,
que anuncia o manto do ocaso
a lua simples em seu descanso.

De luz tênue e roubada
no firmamento aparece inerte,
do sol emana a luz tirada
que por toda a terra ela verte.

Sem vida própria, não obstante
a vida dá, e onde os amantes
no azul cenário veneram.

Extasiados no céu olham
e sem pudor, calmos e
despossuídos se entregam.

FIM DE TARDE

Ao fim do dia nuvens passam,
tarde efêmera de céu gris,
pássaros silenciam, noite alcançam,
maiúscula lua, aqui estou, diz.

Da chuva deitada por toda tarde,
dos afogados canais que inundam sonhos,
mesmo que pensamentos ainda tardem,
na memória reunidos, ordenados ponho.

Estiagem posta, plácida, vinda,
na calma intrínseca da sonhada paz,
vespertina dor que por ora finda.

Castiga solidão que se refaz,
companheira noite és bem-vinda,
atingindo o ápice, a calma jaz.

OCASO

Antes que o sol se ponha
paro no horizonte, penso,
espero nada expor,
desvio o olhar para este mar denso.
Oculto os pensamentos, divago,
não quero que vejam a lágrima,
 a triste lágrima da solidão
deste momento que
o imenso oceano traz,
perdido eu na vasta água
que escurece aos poucos.
Quando vejo sei que
não tenho motivos,
motivos para estar triste,
é o sentimento do fim do dia,
ele acaba e o instante envolve
com esse ar de nostalgia,
amenizado este pela avermelhada e
azulada cor do ocaso que se fundem.

ENTARDECER

Ao raiar o sol no
leste do meu ser,
iluminam raios coloridos
o mar d'alma, aquece o
intrínseco corpo, dispara
o coração, sobe buscando
o crepúsculo da mente
no tranquilo entardecer .

PORTO

No porto seguro do meu ser,
atracando o navio, jogando a âncora,
vivo os anos da prorrogação
do jogo da vida, o máximo,
sem rígidos horários ou compromissos.
Talvez o papel e a caneta,
a tela do computador,
versos, textos, pensamentos, frases,
continuar a ser e ter o poeta.

NATURA

A semente cai do bico do sabiá,
o chão molhado pela chuva que desce,
tempo depois no parque,
vejo germinar do solo enriquecido
verdes galhos, penso,
o que foi mais importante,
o pássaro ou a semente, talvez a chuva, talvez o todo.
Feliz concepção da natureza

ALVORADA

Alvorada de sonhos,
sol, dia de pensamentos,
entardecer de ilusões.
Noturno pensar de realizações,
madrugada, calmaria,
luar de concretizações.

DEITADO

Deito na cama inquieta
de minhas preocupações,
que dilacera o coração na noite
de lua cheia, à espreita,
o luar penetra pela fresta
como se fosse iluminar
minha alma, agora perdida,
preocupada, ávida de luz
e soluções no universo incerto.
Vem o sono e um acordar
de sonhos quase reais,
como que do nada
no silêncio da noite
solucionando tudo.

NOITE DE CHUVA

Na noite de chuva
que molha minha alma,
neste momento quando
a mesma amaina, espero
a madrugada com esperança
lavada e calma.

ABRAÇO

O sol aparece entre as nuvens
que resistem, aquece o solo já seco.
Meu corpo já sente a evaporação
natural no ar que vai levar
meu abraço apertado em sua
direção, na distância que
diminui com o carinho que sinto.

Para lembrar os amigos não precisa estar sempre perto, na distância a prova da amizade
é a eterna lembrança...

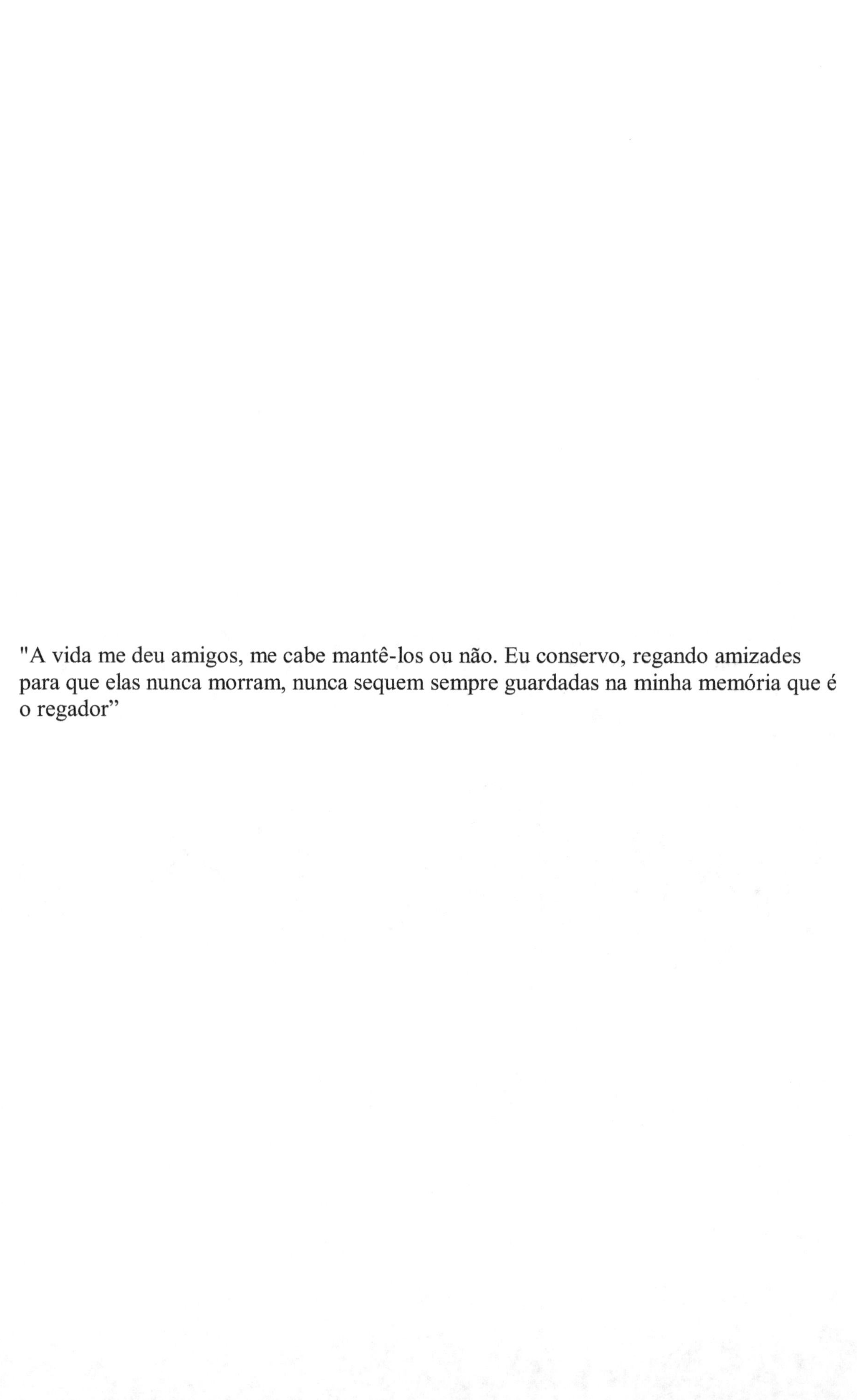

"A vida me deu amigos, me cabe mantê-los ou não. Eu conservo, regando amizades para que elas nunca morram, nunca sequem sempre guardadas na minha memória que é o regador"

"Fala-se muito em coração, mas mantemos sentimentos em nosso intelecto, memória, só aí temos o verdadeiro sentimento de lembranças"

ISOLAMENTO

Afastados, isolados
por preocupações, cuidados,
anúncios e comunicados,
todos lembrados, juntos
mesmo quando separados.
Mudança de comportamento,
uma doença, um vírus,
uns em casas outros
em apartamentos.

PUREZA

Aromas, flores,
pássaros, canto,
rumores do vento, ar,
poluição ausente, amanhecer,
despertam os bem-te-vis
em coral matutino.
Menos ruído,
menos trânsito,
sem muito esforço
mais ouvido.

Mesmo que não veja teu corpo, não sinta teu calor, teu abraço, teu beijo, eu sinto a força de tua energia..

CHUVA DE ABRIL

Com as nuvens de abril,
as chuvas molham
nossa esperança,
regam sonhos,
alimentam almas.
O trovoar desperta
nosso ânimo, refaz incertezas,
dúvidas, preocupações
para não deixar amolecer
nossos cansados corpos.

SOL E CHUVA

Acordei, olhei,
sol, nada de chuva,
dia claro ensolarado,
não vai chover hoje.
De repente escurece,
como se escurecesse
um sonho, chuva intensa
lava a frente da janela,
as plantas, regam sonhos
que crescem lentamente.
O sol aparece novamente
como uma nova esperança,
ilumina o dia ilumina a vida..

UMA SITUAÇÂO

Gritos de crianças incomodam?
Hoje sinto falta das suas
brincadeiras, recolhidas em casa,
imagino quando saírem.
Piscina quieta, sem brincadeira, sem bola,
espaços vazios, caminhos inquietos.

OÁSIS

No deserto da minha mente,
oásis aparecem verdes,
úmidos pensamentos no calor
do desânimo deste instante.

Sento nas inquietudes,
bebo da água clara e
fresca que ameniza
a sede de bons momentos.

NOTURNO

A noite linda,
você mergulha
no aroma de jasmim,
 perfuma o vento,
determina cândida
com a beleza de sempre
 a marcha do tempo.

NOTURNO

A noite linda,
você mergulha
no aroma de jasmim,
 perfuma o vento,

Com a sinceridade de sempre nos mostras a doçura deste momento, o deleite que invade
o céu, as estrelas e o firmamento.

SOLIDEZ

Um oceano nos separa
nos inunda, nos molha,
afasta, mas a amizade como
uma pedra, sólida, não rui
não cai, ninguém para.

Não é preciso de nada para escrever, inspirar, apenas de Deus, porque é dele que vem a inspiração

SERTÃO CASTIGADO

Sol, calor, seca,
fardo, o peso do
sertanejo que comparte
com seu companheiro,
o jumento, a vida
árdua do sertão.

A chuva de março
esperada e agradecida
a São José, molha o roçado
que prepara o milho para o
São João e o feijão para a diária
mesa que alimenta sua família.

Da chuva que molha
o chão seco, inunda o barreiro,
banhando o salgueiro, o terreiro,
aliviando a sede dos animais,
que sofrem junto com ele
as dificuldades e vicissitudes do clima.

FASES

Viajando pela vida,
estações várias
situações diversas
onde paramos na
nossa existência.
Quando crianças sonhamos
com o futuro incerto,
dúvidas de onde viemos
porque nascemos, porque
vivemos e somos porque
somos, como surgimos
para aonde vamos, como fomos
criados neste infinito universo.
Por fim paramos na estação
presente, realidade, continuamos
viajando na idade
sem termos respostas...

BRANCO

Página em branco,
escrevo agora penso,
ao sentar-me no banco
sem ideias, tédio intenso.

Pela janela a natureza,
ao que vemos mais valor,
a lua, o céu, a beleza,
o sol, o ar, o calor.

Metáforas de pensamentos,
versos, rimas de ilusões,
preocupação, isolamento,
diálogos, conversas, alusões.

Escrevo palavras soltas,
as espalho no papel,
parecem darem voltas,
ordeno-as corto-as com cinzel.

Como escultor ferrenho
vão aparecendo contidas
esculpidas ou como desenho,
na ordem de serem lidas.

CUMPLICIDADE

Cúmplice neste momento
do cálido aquecer
com mágico frescor do vento.
o sol no alvorecer.

Manhã calada, outono lento
entre chuvas e estiagem,
na rigidez do isolamento
taciturno olhar na paisagem.

Menestrel canto dos pássaros,
no limiar de andantes matutinos
dançam os pombos em bandos,
ouvimos coro de passos e trinos.

VULTOS

Nos bares fechados e trancados,
vultos aparecem nas sombras
como a beber da solidão,
nas mesas vazias de restaurantes
nas cadeiras envoltas pela escuridão,
parece que vejo copos de chopp,
namorados aos cantos abraçados,
clientes assíduos no balcão.

VISÃO

Que escondem esses rostos
encobertos, preocupações,
sonhos, pensamentos ou anseios,
nas faces as máscaras, distanciados
das famílias, limpeza, asseios.

A vazia cidade no andar do dia,
pessoas para essenciais serviços,
idosos tranqüilos ou teimosos,
crianças recolhidas da sua alegria,
pais receosos e cuidadosos.

RECITAIS EM QUARENTENA

Do Sarau poeta ausente,
na calçada a voz cala,
poesia como um todo sente,
os versos perdem a fala
por cidade estar diferente.

TEMPO PARA OLHAR

Tempo para paisagens,
natureza, um presente,
momento de beleza,
na mudança de hábitos
no futuro de incertezas.

ARREBOL

Noite, lua, no firmamento
céu de estrelas brilhantes
que passeiam pela mente,
algumas cadentes, ritmadas,
Dia, sol, arrebol no nascente,
limiar de sonhos infinitos,
distante pensamento confuso
passeando ofuscado pelo poente.

PAPEL E CANETA

No papel desliza meu sonho,
a caneta disposta, buscando
no incessante vaivém
inspirar neste momento..
Ao mesmo tempo no monitor
a página branca em frente,
o teclado se doa para
que eu possa escrever,
nos contrastes de um sonho
envolvendo passado e presente.

SENSAÇÕES

Sensações das mais diversas
na estranheza presente,
na sabedoria de argumentos,
tudo vai passar dizem.
Revoam palavras ecoadas
ao vento, esperança contida,
nas vozes desconfiadas,
marcando este momento.

DESPERTAR

Na quarentena do meu corpo,
em um momento solitário,
deixo meus desejos adormecidos
no ostracismo da minha mente.
Esperando hora e momento,
andam lentamente até
o despertar do imprevisível.

CANTEIROS

Pomares extensos e fartos,
ares intensos, úmidos,
frutos em quantidade,
frondosas copas, escondendo
galhos em tempo de chuva.
Vinhedos e arvoredos
luzem em caminhos verdes,
riacho pleno, abundante,
passeia aroma de uva.

RETOMADA

Na calma que é necessária,
nas dúvidas que a vida deixa,
nos planos que a mente processa,
na realidade que se instala,
no viver despreocupado,
na rotina que se retoma,
na fortalecida resiliência.
no trabalho de muitos,
no desempenho melhorado.

QUIMERAS

Quimeras postas em prática,
angústias e aglomerações,
dilemas que a vida traz,
mitos, fases, projeções.
Sonhos de muitos,
esperanças, rostos
refletidos em mim,
desejos, ambições.

FOGUEIRAS

São João, fogueiras apagadas,
algumas resistem, o milho presente
às mesas e os pratos típicos também.
Músicas tocadas sentimos
saudade de quadrilhas, de movimento,
de roupas coloridas, de festejos.
O sanfoneiro balança o fole,
o ar escapa em conserto
esperando quem sabe, de repente,
algum novo e animado evento.

AUSÊNCIA

Rima vazia, versos órfãos,
inculto ser de atrofiada criação,
no desvanecer da escrita,
nos devaneios vários, na poesia
inerte de poeta ausente.

A TAÇA

Olhando a taça de vinho,
relaxo, sorvendo a gota
da uva transformada,
endireito estrada sinuosa
em frente o novo caminho,
poderosa fonte me embriaga,
acalma conflitos, auto atritos,
e elimina as lágrimas tintas.

VENTO

O vento roçando meu rosto,
acariciando-o suavemente,
sussurrando em meu ouvido,
anunciando as primeiras chuvas.
Inclina as copas ainda verdes,
trazendo as primeiras gotas,
mostrando o céu escuro, cinza.
dobrando os galhos mais débeis.

VISÃO

Retrato de um solo plano e fértil,
onde crescem lindas flores
envoltas por trevos e herbáceos.
Moldura campos em suas pastagens,
de calmos e livres cavalos,
onde os pássaros confundem
seu canto, com o soar do riacho.

CONSTRUÇÕES

Do quarto dos fundos,
pela janela terrenos,
tijolos um a um, subindo
nas paredes pela mão
firme e hábil do pedreiro.
Do outro lado o telhado
cobre o imóvel crescido,
o reboco aparece aos poucos
internamente no sobrado ao lado.
Não consigo ver mais a mata,
ela está lá eu sei,.no entanto
fora do habitacional em volta,
as famílias várias e organizadas
espalham, não estamos mais sós.

MELODIA

Na melodia cadenciada e suave,
a música alimenta o âmago e
consola meus ouvidos cansados
de silêncio, de tédio, na harmonia
desenhada, na avidez de notas
que se desenham na partitura,
formando assim a plena composição.

RÁDIO

As ondas me levam ao éter,
o som emitido amplo e de
forma clara deixa na mensagem
a informação, me acompanha
e distrai o minuto de solidão,
música vigorante da alegre melodia,
a companheira voz permite do
locutor imaginar seu semblante,
seu corpo a sua fisionomia.

ELEMENTOS

No grandioso instante,
plangente percepção,
brisa, ar, frescor
suavidade, regozijo,
elemento, água, terra,
intensa natureza, sensações
mil ao ver o horizonte,
vermelho e distante céu,
tão afastado quanto eu.

OLHANDO

No canto das gaivotas
as ondas quebram,
molham as pedras
já banhadas, espumam
a areia branca e quente,
onde deslizam sargaços
que a correnteza traz.
O vento suave navega
em direção ao vasto mar,
beija das jangadas as brancas
velas, que empurram o pescador
em busca do sonhado peixe.

VERSO

Escrevo um verso singelo
ao compor a criação,
desperta o sentimento belo
de entusiasmada inspiração.
Linhas de encanto, graça, beleza,
deleita, enternecem as pessoas,
alegria, choro, saudades
amor , sentimentos, natureza.

ORVALHO

O sereno lentamente cai
molha o estrelado céu,
a madrugada fica úmida
como fica úmida a grama
com o orvalho ao amanhecer.
Ao despertar do novo dia
o sol se refresca com a
brisa da neblina existente,
quando ele aquece a manhã,
voltamos a sentir os raios
fixos, que evaporam da roseira
gotículas que caem suavemente

IMAGENS ANTIGAS

O poste da praça a passos da calçada
sente o bonde passar quase o roçando,
ao parar, passageiro desce com sua
bengala e chapéu Panamá, com parcimônia
senta-se no banco, aproveitando a luz
do dia ainda, abre o seu jornal e lê
 as últimas notícias, acompanha com o olhar
a dama de vestido creme e seu chapéu Clochê.
Espera para que ela possa entrar no café,
antecipa-se e entra, pede um cafezinho, aliás,
pede dois, imagina que possa acompanhá-lo,
para sua frustração não, sozinho então...,
quadro em sequência de vetustas e lindas imagens.

CAFÉS DE MONTEVIDEO

Um café em Montevideo
na calçada, duas mesas,
a área de fumantes fora,
tempo nublado, frio, feio,
duas cadeiras, uma vazia,
quem espera, quem sentará?
Enquanto fuma seu quarto cigarro,
pensativo pergunta ao garçom se,
a dama que aguarda teria aparecido,
do qual a seguinte resposta, não
senhor, com este tempo os clientes
não vieram, lamento cavalheiro.
Ao invés do café a vodka clareia
e embriaga as ideias, afugenta o frio,
outro cigarro como seu companheiro.

CHEGADA

Na chegada ao umbral da
porta idosa, entristecida,
na saudade antiga, o tapete
molhado de pequenas lágrimas.
Volto à casinha onde nasci,
na ida deixei a infância,
hoje vazia e ausente, com
lembranças de seres idos e
muitos instantes bons, outros
nem tanto, porém aqui vividos.

TRIGO

Depois da campina,
o campo limpo se
depara com trigo
de dourados grãos.
O sol reflete nas espigas
de mínimas flores e frutos
de amido, que mais tarde
serão na mesa a farinha.
Na casa da farta fazenda
 de pães, massas e derivados,
servem o visitante comensal
com a abençoada colheita de
 bordado ouro do solo fértil.

CHUVA

A mesma chuva que cai aqui
não é a mesma que cai lá,
caindo ao mesmo tempo
são águas distintas, que molham
diferentes vidas, diversos corpos.
O mesmo céu, igual o arco íris,
colorem anseios, anelos de estiagem,
de vindouros claros e calmos dias.

ANIL

O azul do mar,
o azul do céu
no horizonte,
os dois fundidos,
confundem-se,
azul quero estar
anil quero ficar,
banhado oceano,
no anil firmamento
com os astros estarei...

ANIL

O azul do mar,
o azul do céu
no horizonte,
os dois fundidos,
confundem-se,

ARTE

Nas paixões cognitivas,
na música e melodia,
na literatura prosaica,
na pintura colorida,
na aprazível percepção,
abstratos obscuros traços,
inspirada e amena criação.

ÁGUAS AZUIS

Lago azul de águas
límpidas, tíbias e serenas,
a rocha rígida, cinza,
se lava na fonte plácida
de convidativa pureza,
da aspereza fonte de
águas tranqüilas que,
espera pelo cheio cântaro
que repleto sacia tudo.

JANELA

Quando se abre o postigo
na janela do meu quarto,
vejo o amplo e formoso
mundo, que, ampliado
pelos meus olhos saudosos,
nas lembranças de súbitos
momentos, belos, agradáveis,
fazem do instante nostálgico.

ARTE

Nas paixões cognitivas,
na música e melodia,
na literatura prosaica,
na pintura colorida,
na aprazível percepção,
abstratos obscuros traços,
inspirada e amena criação.

ATRACANDO

Ao porto navios entram
pelo molhe, ancoram ao
canto das gaivotas inquietas,
que sobrevoam o cais, onde
basculham os samburás e
deixam aflitos pescadores.
Como braços grandes e fortes,
guindastes sobem, abraçam caixas
que descem suave dos barcos
para o braçal trabalho operário.

ENCONTRO

Caminho ao luar
enveredando sonhos,
pela sinuosa trilha,
onde o pedregulho
parece quebrar os pés.
Arvoredos os passos
marcam e indicam
a direção para cachoeira.
Aromas de eucalipto
perfumam o ar e o sereno
da noite de lua cheia,
esta que, encontra-se mais
na frente entre os galhos
que se abrem, com o
o adornado e estrelado céu.

RETRATO DO SERTÃO

O Vaqueiro corta o mandacaru
para o gado de comida ausente,
na caatinga rude e seca de
cortantes e espinhosos arbustos
que o gibão de couro protege.
À noite desce no árido, a rapadura
que alimentou durante o dia,
será substituída pelo assado
queijo coalho e o cuscuz quente,
molhado com leite de cabra,
na mesa posta de toalha de chita
e no ambiente de lampião a gás.

ESPUMAS

Na taça de fino cristal
a espuma sobe, borbulha,
transpira com ar ao se
preencher da gelada cerveja.
Na farta mesa de quitutes,
o famoso tira gosto, passa
de mão e mão recheado de
conversas, que suprem o prato
vazio à medida que consomem.

BALLET

Suave e elegante dança, de
sequenciados movimentos e
corpo ritmado, giros de pião,
como suspensa no ar toda
de branco neve, leve na fluidez
acrobática, a bailarina no salão..

A TARDE CAI

A tarde lentamente cai
quando a noite recebe
a fantasia, inicia sonhos,
o dia descansa da sua
fadiga, da árdua rotina.
A lua cheia à espreita,
céu limpo sem nuvens,
manto estrelado cobre
o sereno, que cai sobre
o roçado já úmido no
verde campo solitário.

A TARDE CAI

AMPARO

Deus te proteja sempre
no caminho da vida,
das mágoas e frustrações
te livre, assim como mal e
tristezas e ajude nos fracassos,
na cura das doenças que
 poderás ter e dê momentos
felizes e de muita fé.

NA ESTRADA

Na beira da estrada
de ambos os lados,
campos fartos de gado
alguns nem tanto,
bem lá na frente
a casinha de taipa
ao longe e suas cabras,
no isolado mas belo
lugar de abundante água,
de infinitos pássaros onde
a pequena cachoeira no
deságüe, nos dá diversos
peixes no frescor do líquido.

ESQUECIMENTO

Leva de mim a saudade,
faz-me esquecer de tudo,
não deixa enraizar a tristeza
tampouco o vil sentimento,
quero ficar livre, desprendido
de presas relações complexas,
de ambíguos diálogos, dura,
rígida e completa incompreensão.

NOVO DIA

Alvorada, vermelho céu, amanhecer,
mescla de cores, cantar de galos,
acordando e levantando o sol,
descobrindo a manhã do manto
que junto a cobria com a noite.
Evapora a tênue neblina dissipando
e desvelando do sono, preguiça
que insiste em deixar o cansado
corpo do dia anterior e da exausta
semana, raios solares aquecem o
caminho para nova jornada árdua,
porém esperançosa na sexta feira
na expectativa do descansado sábado.

RACISMO

Navio negreiro eterno,
de liberdade limitada,
perene preconceito,
igualdade sem alforria,
na luta constante de,
sermos iguais e somos,
no organismo humano,
na nossa funcionalidade,
e com certeza na direção
para onde um dia, vamos.

CONFUSÃO

Fora de tudo dentro do nada,
parâmetros desajustados e
estrutura desorganizada,
reminiscências de confusões
antigas, conhecimentos adquiridos
e esquecidos, da tal e desconfortável
situação que o momento encerra,
longe das pessoas, estamos distantes,
porém perto da mais firme crença.

REABERTURA

Uma mesa, quatro cadeiras,
vazias como outras, esperam
os companheiros de sempre
ou eventuais, esmerados para
reabrir, hoje chamam de protocolos,
normas de higiene e segurança, todos
atentos e disciplinados para receber o
cliente mais especial nesta pandemia,
para tirar do ostracismo, esquecimento,
ou alegrar aos comerciantes novos,
criteriosos, cuidadosos para a abertura.

O CONTRASTE DO MAR

Vastidão do mar, imenso,
assusta, conquista,
no nublado dia, triste,
agita- se nas ondas,
ao sol as mesmas brilham
na luz e no horizonte à vista.

PARA MIGUEL

Foi cedo meu irmão, não acreditei,
em meio à noite a notícia, 54 anos apenas,
o amor que me tinhas eu tenho para lembrar-te
pelo resto destes anos que tenho de crédito.
Devoto aos filhos, à família e ao trabalho,
em que falhou, apenas o coração, o suficiente
para ir buscar o refúgio junto a Deus e aos
entes queridos que lá estão, não tenho rima,
o verso triste para ofertar-te, descanso eterno
Miguel Angel, Anjo do Senhor...

SÃO LOURENÇO DA MATA

Por portugueses povoada, de origem Tupi,
por holandeses invadida atrás da rica
cana de açúcar, sem demora expulsos,
São Lourenço da Mata, terra do pau-brasil.
Onde a Igreja Matriz do século dezessete
reluz do alto da colina abençoando o vale,
as ladeiras, a Praça do Canhão, Maracatus,
Caboclos de Lança, Ursos no carnaval.
Da matriz da Luz de 1540, rica em
Pau Brasil, plantações de cana em volta.
A brisa suave da mata atlântica ameniza
o calor enquanto a névoa úmida cobre a à noite...

Beijo-te de madrugada, calma como o orvalho ao cair, molhando o campo, as flores, molhando e deixando molhado o teu rosto com os meus lábios pousados suavemente nos teus.

As pupilas piscam, os olhos tremem com a emoção deste momento, com aquela que amo muito, mas que está distante ...

Do triste isolamento
que isola físicos,
pensamentos, entediam
momentos, cerceia planos.

A esperança meticulosa
da sobrevida, do anseio
de termos saúde, da vitória
do ser contra a doença.

A vacina que alivia dúvidas
alimenta vidas, sonhos,
no alvor da manhã que cinza
se pinta de luz, luz de esperança.

O cintilar de estrelas que reluz,
depois da chuva volumosa
que molhou a perene sacada,
onde o sabiá canta no amanhecer
quando o sol se faz presente,
já enxugando sonhos adormecidos.
Vistos estes por meu olhar objetivo,
na objetiva imagem da minha retina
que busca fotografar a natura calma.

Poeta, escritor, colunista, pesquisador, cerimonial, palestrante e jornalista, foi Diretor de Imprensa da União Brasileira de Escritores, Diretor de Comunicação da Academia de Artes e Letras da Cidade de Paulista, Pernambuco, passagens pelo rádio falando sobre literatura com o "Módulo Literário". ***Luis Eduardo Garcia Aguiar*** *nasceu em 06 de outubro de 1952, em Montevidéu, Uruguai, e hoje é naturalizado brasileiro. É autor dos livros "Poesitando", Clube de Autores, publicado em 2010, "Além da Fronteira", Editora Scortecci, em 2012, este último lançado na 22a Bienal Internacional do Livro de São Paulo e tendo participado do livro Antologia "Nossa História, Nossos Autores" em 2012, edição comemorativa dos 30 anos da Editora Scortecci, na mesma Bienal. Publicou em 2013 o livro "Derramando Versos" pela Editora Babecco, Olinda PE, o livro "Sentidos", Tarcísio Pereira Editor, Recife, PE, em 2015. Em 2019 o quinto livro "Rastos"no Amazon, em 2020 "Isolamento", "Resiliência", "Dois Em Um" e "Percepções"o nono livro, também no Amazon. Participou também da Antologia "Paulista nas Asas da Emoção III" da Academia de Letras e Artes da Cidade de Paulista, PE, "XI Antologia da Sociedade dos Poetas Vivos de Olinda", "Antologia Poética Poetize" 2014, "Antologia Projeto Alma Brasileira" 2014,"Antologia Sensações" 2014, "Antologia Linhas Abertas" da Pêgasus Internacional 2014 e "Antologia Cartas Poéticas" 2019. Tem artigos publicados" no Site Divulga Escritor como colunista. poemas, textos publicados, matéria de capa, entrevistador e entrevistado na Revista Divulga Escritor de Lusofonia. Membro da UBE (União Brasileira de Escritores), da ALAP (Academia de Letras e Artes da Cidade de Paulista PE), da SPVO (Sociedade dos Poetas Vivos de Olinda), Movimento Artístico Literário de Olinda e Pêgasus Internacional, Albânia.*

www.ingramcontent.com/pod-product-compliance
Lightning Source LLC
Chambersburg PA
CBHW080713120726
48001CB00010B/2994